Neón ocultista: Metaliterario, an

Juan Pablo Plata.

Para Pablo Emilio Figueroa. El hombre que quebró una librería y definió mi vocación.

Para Andrea Cote Botero. Allá en sus puertos y praderas del fin del mundo.

El mal de las fronteras

Dicen que fueron las últimas palabras escritas por Antonio Machado:
«Estos días azules y este sol de la infancia.»
No hay en ellas una última voluntad
De apetito llena que repetiría el gozo
De lo más amado o deleitoso
Que en la vida mísera conoció.
No hay premonición.
Solo mirada en lontananza y para dentro del alma,
Para encontrar en el astro leonado los días de chico que ya se le han ido.
Era un vez más la impresión de la vista
Y su memoria sensible con el color,
Cerca de la frontera de sus toros, del antiguo Al-Ándalus
dejado atrás, pero con los ojos puestos en otro lado donde los
Gallos son todos rojos. Pienso a ratos en Stefan Zweig
inmolándose en Brasil.
Con grandes plazos recuerdo a Walter Benjamin matándose
en España, Pero siempre y muy seguido, veo a Machado, que
ha cruzado a Francia, A salvo,
Solo para morir.

Como si estuviera en el Hospital Bombarda de Lisboa

(Dedicado a Antonio Lobo Antunes)

Tengo un imán para los desequilibrados
Sembrado en el centro de mi ternura.
De vez en cuando vienen a mí muchachos dementes para ser oídos,
consolados y les hablo.
A veces quieren que hable, pero callo,
Para verlos.
Un clinicazo, me dice uno, me fui de clinicazo pero ya estoy
libre. ¡Yompite Vanidu!, ¡El murciélago es el espíritu santo
del demonio!, me dice otro, como dijo Vila-Matas.
Hablan como Joaquín Font habla con la finada Laura Damián y como él
habla de los lectores y de los escritores desesperados en los *Detectives
salvajes* de Roberto Bolaño. A ratos, como si estuviera de turno en el
Hospital Bombarda de Lisboa. Recibo en mis horas y espacios, como un
facultativo,
Una avalancha de tocados, duchados en el río de la
evasión, hechos para el lindo juego de desvariar
(en el Kaliyuga).
Los desequilibrados tienen una ternura sembrada en el centro de su imán.
No sé si sea para mí.

¿Un sueño literario lúcido?

Soñé que había dos venados alados metidos en tu corazón ligero.
Comían plantas flotantes frente al mar con gracia montesa,
Empinándose en la magia fulgurante de sus tensos muslos áureos.
Susurro títulos de libros no leídos cuando duermo mal o algo va mal.
Eso dicen quienes me vigilan y lo acusan a mis enfermedades literarias.
Afortunado que sea así.
Tengo mis propias teorías:
La ensoñación es la filigrana de la inconsciencia despierta.
La duermevela no ahonda en el dormir.
La vigilia tornasolada puede ir a parar
A un sueño literario lúcido con venados
Que después voy a en escribir en poema.

Bandada

Por favor: conserven al hombre de neón que hace singladura en un mar de neón sobre un bote negro.
Escribir sobre la imposibilidad de escribir y padecer enfermedades literarias es su destino.
Protejan a este ser. Anda sin bandada. Va resoluto y sin legión.
Muchas formas de filantropía alimentan su cuerpo. Otras lo menguan.
Las artes alimentan su alma. Pero también la esquilman como al cuerpo con una lezna de carey supernatural. Así vive el hombre de luz gaseosa.
En este poema y problema el cielo está en tus manos y pródiga debes repartirlo a los demás.
Conserven al hombre de neón, por favor.
Dicen que hay mucha creatividad contemporánea anclada en el Sur.
Pero yo veo que las obras vienen de todo lado.
El hombre de neón tiene un refugio del mundanal ruido para escribir. No es urbano.
Es una cámara secreta de la escritura rural construida pensando en Robert Walser.
A la redonda de nuestras vidas todo escribe..
El hombre de neón pide tiento de artista. Uno firme.
Metaliterario, amoroso y final es él.
Así es.
Va sin bandada el hombre de neón sobre un bote negro escribiendo literatura sobre la vida y sobre la literatura. Sin bandada anda el hombre de neón.
No se sabe cuándo baja de su nave, pero, sí, que fuera de ella no escribe.
Por favor: conserven al hombre de neón. Consérvenlo sin bandada.

Le hubiera encantado a Nicanor Parra:

Derechos humanos: 26 personas tienen la misma riqueza que casi la mitad de la humanidad.
Esta es la fortuna de unos y la desgracias de otros.
Todo escribe en el universo.
Si está buscando el tiempo: responda bien las preguntas esenciales. No se haga el que no.
Imagine usted bandas sonoras alternativas. Retírese del cine. No vuelva nunca si quiere y vaya a vivir.
Reciba segura y anticipadamente su caso imposible resuelto. Ya verá.
No ilusionó, cumplió, años. Ni eso.
Su protección es fundamental para mayores de 18 años. Hay que proteger al mundo de los mayores de 18.
Crece hueco entre dos locos. Un puente se tarda en construir.
Libro abierto de la memoria. Pintura cerrada del recuerdo.
Es mejor terminar de hablar de sociedad, consumo, política y religión en secreto.
No te metas en problemas.
¿Hasta cuándo vas a mirar solo una vida en una foto tan buena como esa con espantos? Le hubiera encantado a Nicanor Parra. Tenlo por seguro.

¿Me entiendes?

¿Me entiendes?
¿Me entiendes el coqueteo?

Jodido sin ti.
Saber de la dureza de la posada fría,
Mientras a ti sólo te da calor la lana.
Dirigido con la peor intención de volver a estar juntos va todo esto:
¿Me entiendes el coqueteo, si te digo?:
Lamento no ser un hombre fuerte y alegre,
Lamento no ser el caballo del rey,
Pero sí el perro del limosnero.
Lamento ser el hongo del cedro,
Queriendo ser la rosa del vivero.
¿Me entiendes el coqueteo?

Decir completa la belleza

(Inspirado en el Soneto 106 de William Shakespeare)

Han de ser memorables las mentadas
Que en ese libro aparecen cantado
Personas bien parecidas y acicaladas
Dignas son por su cara de gran atado
A más de uno incitan palabras pareadas
Composiciones de casi seres alados
Son lisonjas grandiosas apropiadas
Para lo que refieren como en dados
Lanzados a cimas desalmadas
Donde quedan faltando alabados
Para decir lo justo y no andanadas
Convergen versos denodados
Pero enciman a la falta atadas
De decir poco ante tantas chuladas.

Poema a la David Antin:

Persigo siempre lo concreto y sustancial en prosa. Me encanta escribirte cosas.
Nada extraño es esto, si lo piensas, como los remedos de otros versos y dolores.

Desde diciembre, un diciembre indeterminado en ficción, he tratado de ser noble con mis personajes. Los dejan menos la mujeres y mueren suave, mientras cae la noche.

Parecen días digeribles, sin importancia, aquellos sin ti, hermosa literatura.
Hoy no puedo ser metaliterario, amoroso y final.

Estoy deleitado con nuevas formas de coexistencia en un futuro próximo. Mis mejores deseos van para el progreso material y espiritual de lo escritores. (Como si los demás no importaran)

Siempre preguntan por más compromiso y menos retórica, pero nada cambia.
Y yo tampoco lo haré.

No puedo enumerar a mis escritores
favoritos Muchos reconocerían mis
intenciones en la vida.

David Antin rompió lo que pudo.
Hay que secundar..

Guineos

Solsticio solaris solar
Con el silbido distante de hoja de plátano meneada
Por el viento
Antes amarillo
Se despide la negra
Dentro del tren con destino
Al aceite donde se fritan
Las tajadas de plátano.

El nieto

Un barco amarillo se rompe contra el Río Magdalena y las excreciones de mis 40 millones de compatriotas.
Parece, desaparece, es decir, perece.
Hay una dimensión donde tu alma no cabe en absoluto para ir a esa vieja casa donde te criaron tus padres, abuelos y libertarios.
Eres feroz. Los vicios, las fijaciones, los gustos, las aberraciones y las traducciones literarias indecentes se hacen con gusto y perfección si en los primeros años se ha realizado la práctica.
Siempre había libros a tu alrededor. Parece que es así. Parece. Todavía no pereces.
El nieto colmado de protecciones y atenciones ha mutado en un escribiente de neón.

Teatro con montaje y ensayo

El gran teatro del mundo (Shakespeare. Dixit) es el lugar de ejecución de las transgresiones que leías en novelas, cuentos y poesía procesal. Sales a vivir lo leído con frecuencia. Todavía.
Cervantino. Literatura y vida ligados.
La literatura es sobre literatura y todo lo que hay.
Hay quienes ingresan temprano o tarde al teatro de la vida o al teatro como profesión o a teatros de cine.
Parece quien actúa, pero no lo es. Después perece.
Niebla es la mejor novela de Unamuno.
Es metaliteraria.

La vida no tiene ensayos. Todo humano improvisa.
La literatura enmienda la vida en ficción en retales de historias no dichas antes.
Sus hilos son las palabras. Su agujas los lectores. Hay todo un costurero.
¿Literatura es todo lo escrito y dicho?
Literatura es teatro con montaje y ensayo.

Armónica

Una armónica que mi abuelo Pablo no sabía tocar me trae suerte.
¿Qué objetos traen de verdad la suerte?
Los amuletos, los libros.
Cualquier cosa a la que la fe del carbonero se pegue.

Lobo

Tengo un amuleto de un lobo tallado en madera de comino.
Es duro como nada en el mundo este material. Es titanio vegetal.
Lobo: eres el otro objeto que me legó mi abuelo.
¿Eres tan suertudo como la armónica?

Ficción: contrario, suponen muchos, a la no ficción o realidad.

Poesía: está en todas partes y no sólo en los poemas. Hay que fijarse. Todo escribe en el mundo.

Las mujeres

Las mujeres son como la ayahuasca. Enrique Vila-Matas.

Solar Solaris Botaniko es un remanso para leer ficciones y buscar mujeres. Una cámara secreta para hacer el amor a la luz de muchos soles o bien leer o hacer ficciones.
Bordeamos ya alamedas peligrosas, vamos por riscos: confesamos que la literatura es nuestro vicio mestizo y amor impactante.
Junto a las mujeres, la literatura nos mantiene a flote. Lo demás no hunde. La realidad, por ejemplo,
Las mujeres son mal y cura, como una toma de Yagé.
Las mujeres son como la ayahuasca. Parece.

Una caña de pescar muy fina para las enfermedades literarias

En cuanto se tiene un padecimiento se tiene una opinión propia.
Georg Christoph Lichtenberg.

Cuánta verdad hay en este adagio que no digo. Viajar; sufrir de frío en el crucero polar.
Aguantar, de repente, la lluvia que se hace nieve y nada.
Seguir escribiendo y ponerse al día.
He venido a eso. A barruntar. A colmar de palabras un bastimento ártico cargado de un mutismo exagerado.

Cada juego de azar es un juego de pesca. La pesca es un juego de amor.
Amar es pescar un juego. Parece. Escribir es una caña de pescar muy fina y útil para el amor. Para enamorar.
Se enamoran. Parecen estar más enamorados de literatura cada vez más. Escriben. Leen.
Perecen. Litcratosis. Quijotismo. Enfermedades literarias padecidas con alegría.
La vida es Shandy.
Metaliterario.
Amoroso.
Final.

Fotografías por Juan Pablo Plata durante viajes, reportajes de periodismo o registro de arte callejero como las imágenes vectorizadas que ha hecho en la calles en esténcil en homenaje a los escritores. Blanco y negro.

ENRIQUE VILA MATAS